のやせ方があった！

くびれ筋トレ

Secret to a tiny waist

3万人の身体を変えたタイプ別メソッド

石神亮子

青春出版社

美味しい〜
かわい〜
ところで…近頃お腹周りが気になるんだけど…
私だけ？
わかる〜!!
リロンさん
そういえば最近下っ腹がへっこまなくて
トモ二さん
私なんて子供に兄弟出来るの？って言われたよ
ガチコさん
昔は筋トレしてたけどお腹ヤバい！でもご飯美味しいし〜
ノリコさん
私もジム行った時のヨガウェアが恥ずかしいんだよね

もうくびれることはないの〜??
どんより〜
まかせなさーい!
ぽっこりお腹でも!
三段腹でも!
ずん胴でも!
太鼓腹でも
いくつになっても"くびれ"は復活できるんです!
トレーナー
リョーコ先生

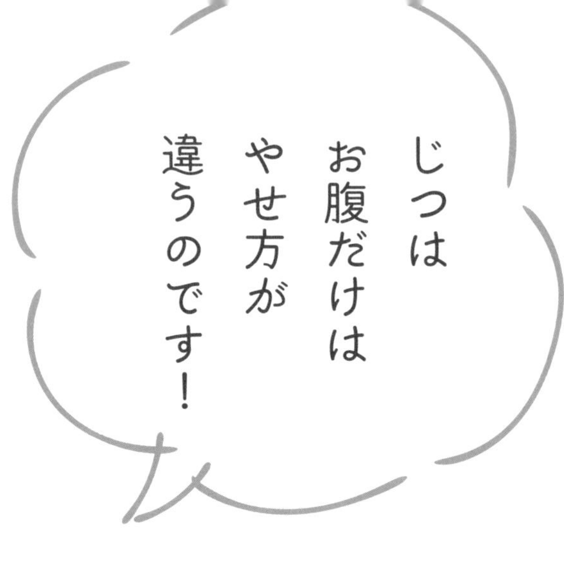

女性にとってお腹は、キュッと引き締まり、くびれていてほしいもの！

しかし実際には、

「昔はちょっと食事を気をつければへこんだ下腹が太いまま戻らない。歳のせい？」

「ジムに通ったりエクササイズしても、なぜかお腹はずん胴のまま」

「出産して伸びきったお腹……。正直諦めモード」

……など、年齢を重ねるにつれてお腹が気になるという声や、頑張っている割にお腹に変化が見られないという声をよく聞きます。

じつは、**お腹というのは身体の中でも特殊な場所**になります。

そもそもお腹とは、おへその周辺だけではなく、体幹部や胴回り全般を指します。この部分は真ん中に背骨が縦に走っています。背骨の上部には肋骨（ろっこつ）があり、下部には骨盤があります。

しかし、胴回りには体をぐるっと囲むような骨が何もありません。骨がない分、筋肉が色んな方向からホールドするように存在し、頑張って大切な内臓を支えています。

つまり、二の腕や太ももと違って、**お腹は「筋肉のサポート力」に大きく頼っている部分**ともいえるのです。

だからといって、むやみに腹筋をすればいいというわけではありません。

色々な方向に何層にもわたってお腹を包み込んでいる筋肉を、それぞれ刺激してあげることが必要になってくるのです。

この本では、**下腹がへこみ、ウエストはキュッとくびれた女性らしいお腹を作り出す筋肉＝〝くびれ筋〟**の育て方を紹介していきます。

本当にお腹が変わりました！

1週間でウエストマイナス4cm!
（Eさん　60代・主婦）

年齢と共に下腹が出てきて戻らず、隠すようなお洋服が増えました。猫背で姿勢も悪く、自分ではどうしたらいいかわからなかったのですが、やってみるとお腹がへこんだだけではなく、姿勢が良くなり、スタイルも良く見えるようになりました。パンパンだったズボンもスッとしまるようになって嬉しいです。

運動は苦手であんまりやった事がなかったのですが、辛い制限もなく、気軽にできて、肩こりも楽になったので、これからもちょこちょこ続けていきたいと思います。

食事も思っているより栄養が足りないとわかったので、サラダや納豆に卵を足したり、彩りを意識するようになりました。食卓も前より明るくなって、家族にも好評です。

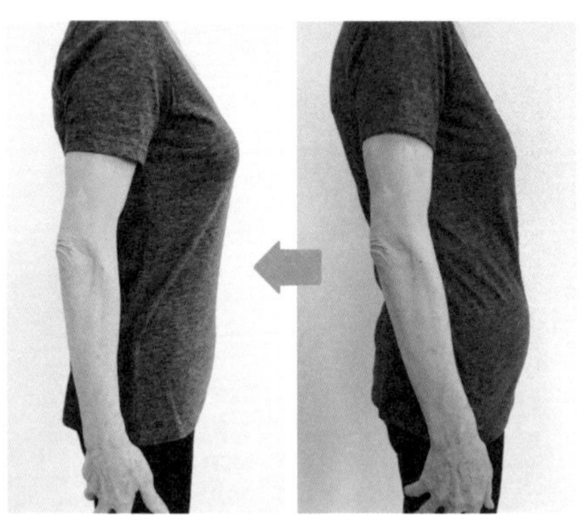

ウエストは50cm台に!
（Jさん　40代・会社員）

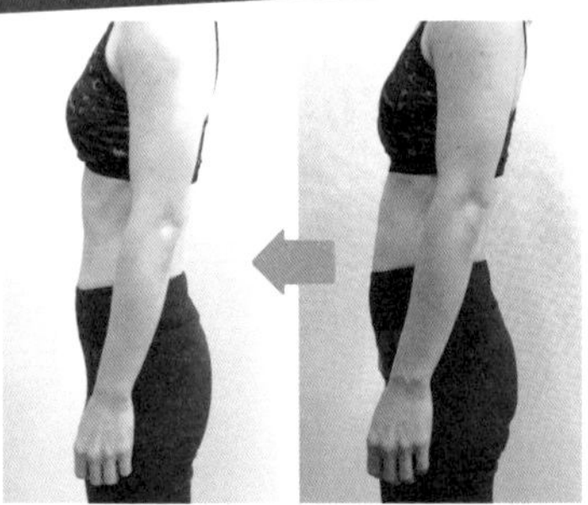

太ってはないのに、下着のアンダーがキツクなったなぁと思ってましたが、エクササイズを続けていくうちに少しずつ楽になってきました。

お腹をへっこませてお尻を上げるエクササイズもやったら、お腹のエクササイズなのにお尻が上がりました！ 2週間でウエストは63cmから59.5cmに。体重は47.2kgから46.7kgになりました。くびれも出てきたので、これからも続けていきたいと思います。

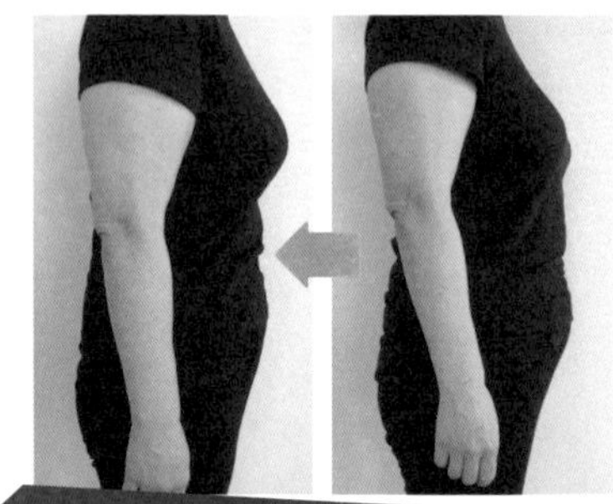

反り腰改善! 体重も減った!
（Sさん　40代・自営業）

期間中に、焼肉、焼き鳥をお腹いっぱい食べました。エクササイズは1日に1つか2つしかできない日もありましたがそれでもズボンが少し緩くなった気がします。

家での仕事が多く1週間外出しない日もあるのですが、1日に1～2つのエクササイズでズボンが緩くなった気がします。焼肉、焼鳥をお腹いっぱい食べた日もありましたが6日間で1.7キロ痩せました。反り腰で代謝が悪いと言われていたのも、ずいぶんましになっているような気がします。

ウエスト5cm減！ 冷え症も改善！
（Mさん　30代　会社員）

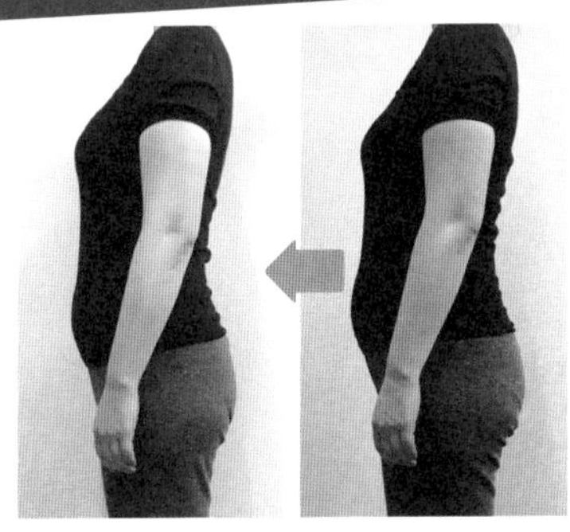

エクササイズは、通勤電車で変に思われないぐらいにやったり、仕事の合間にトイレでするなど、スキマ時間にできる範囲で。食事は朝パンだけだったのを卵や鶏肉を食べたり、できる範囲でタンパク質を意識しました。それ以外は外食や夜遅い時間に食べたりも。また、なるべくお風呂につかることも意識しました。

できない日もあったけど、少しプラスしただけで身体が温かく感じるようになり、お布団を温めて寝る回数やカイロを貼るのも減りました。お通じも良くなりました。2週間でウエスト5cmと思いの外効果が出たので、続けていきたいと思います。

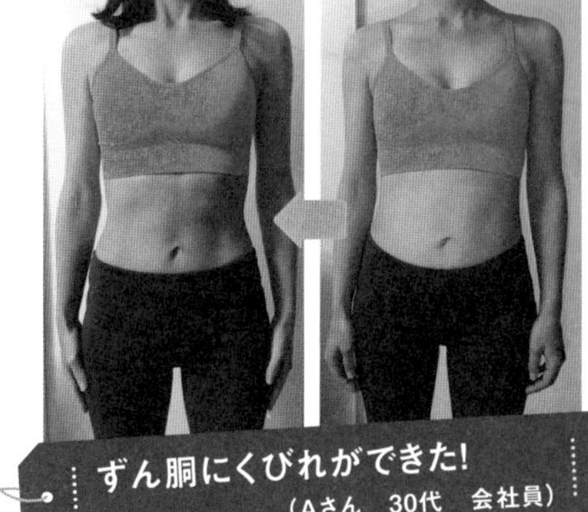

ずん胴にくびれができた！
（Aさん　30代　会社員）

気持ちがいいので、気づいたときにできるエクササイズをしているだけでしたが、3cm減っていました！ 特に見た目の変化が嬉しく、くびれができていたのには感動しました。

食事はタンパク質多めを意識しましたが、おやつやお酒はそのままでストレスはありません。せっかくきれいなウエストになってきたので、立ち方や座り方も意識して、きれいなくびれをキープしていきたいです。

姿勢が良くなり肩こりもラク
（Kさん　40代　会社員）

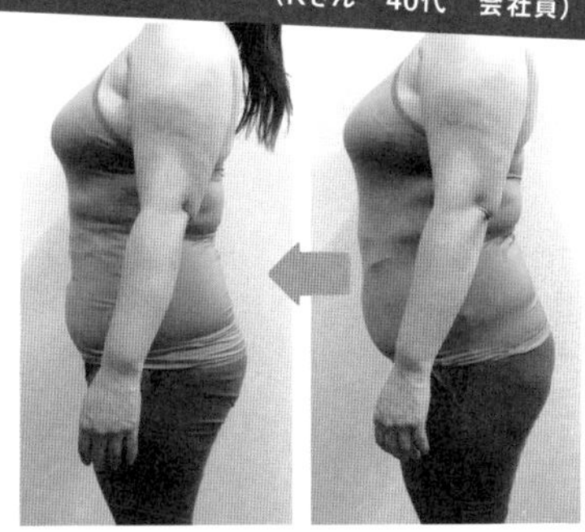

飲み会や食べ放題などにも行っていましたが、２週間でウエストが3.5cm細くなり、体重は1.3kgダウンと変化があったのは感動でした！ エクササイズは簡単なので続けられるし、続けていると、その部分に意識がいくようになりました。

肩こりがしんどかったのですが、エクササイズをやっていると胸が開いて姿勢が良くなって、肩こりもラクになりました。

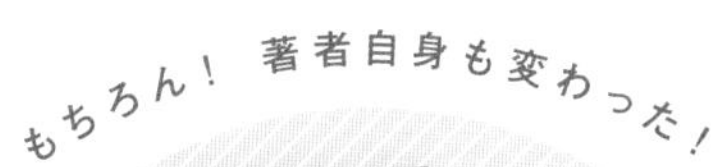

もちろん！ 著者自身も変わった！

お腹だけのやせ方があった！
くびれ筋トレ

CONTENTS

第1章 くびれは必ず復活できる！

第2章 くびれは必ずあなたのもとへ

第3章 くびれを必ず手に入れる！

第4章 脂肪の落ちを加速させ、くびれをキープする！

第1章

必ずくびれは復活できる！

くびれへの第一歩は私たちのお腹のメカニズムを知ることから。どんな筋肉があり、どうして脂肪がついたり、くびれたりするのか？　しっかり学んでいきましょう！

くびれは必ず復活できる理由

1

お腹をへこます筋肉が使えていないだけ！

体重が同じでも、食事が同じでも、やっている運動が同じでも、なぜかスリムな人はどんどんきれいになっていくのに、お腹が出ている人はお腹が出たまんま……。

でも「どうせモトが違うんでしょ」なんて諦めないで！

じつは、体質でも骨格でも遺伝でも何でもなくて、単にお腹を「へこます筋肉」＝〝くびれ筋〟が使えているか、使えていないかの差だからです。

くびれ筋が使えていないと……

・肋骨が開いたままで、アンダーバストから胃が出て広がっている状態

・内臓を支えられず、臓器全体が下がり、下腹ぽっこりの状態

・ゆるんだお腹はくびれることなく、ドラム缶のようなずん胴状態

しかも、筋肉を使えていないと脂肪燃焼率は下がるので、どんどん、お腹まわりに脂肪がついてしまうのです。

くびれさん		でっぱらさん
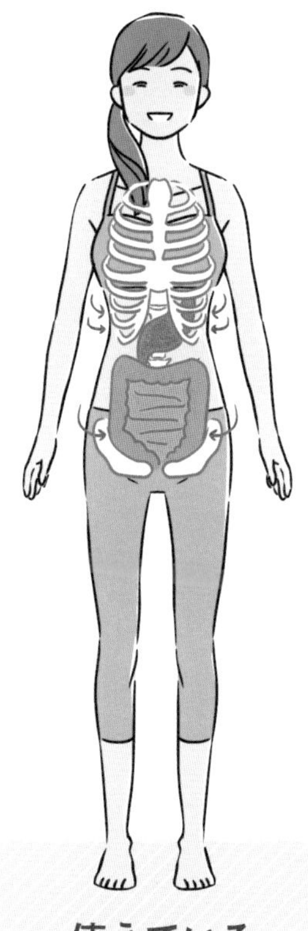		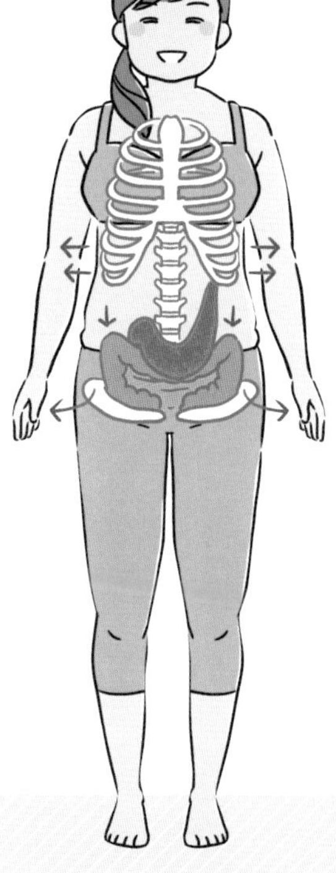
使えている	筋肉	使えていない
締まる	骨	開く
正しい位置	内臓	下がる
良い	代謝	悪い
つきにくい	お腹の脂肪	つきやすい

「部分やせは無理！」っていうけれど……

お腹やせは実現できます！

ダイエットで特定の部位だけを細くする「部分やせ」は不可能だとされています。

それは、体脂肪は一部分だけを狙って落とすことができないためです。

脂肪からエネルギーを供給する時は、身体全体の脂肪が使われます。腹筋をたくさんやったからといってお腹の脂肪がたくさん燃えるわけではありません。その消費カロリーに応じて全身の脂肪が使われるのです。

しかも原則としては、生命を守るために重要な身体の中心＝腹部から末端にかけて脂肪がつき、末端から腹部にかけて脂肪が減っていくとされています。

ではお腹やせが無理なのかというと、そんなことはありません。

脂肪の使い方を自分ではコントロールできませんが、筋肉の使い方をコントロールすることはできるからです。

そもそも筋肉には、それぞれの場所に適した動きがあります。お腹が出ているでっぱらさんは〝くびれ筋〟が使えていない状態なので、この使われていないお腹の筋肉をしっかり使ってあげることで、内臓を支え、引き締めるという筋肉本来の動きができるようになります。

すると、ゆるんでいたお腹のラインは、キュッと引き締まったものに変わっていきます。

また、お腹の筋肉が動くことで血流もよくなります。血流と共に、滞っていたリンパの流れがよくなれば、溜まっていた老廃物も一掃されていきます。

もちろん、暴飲暴食を続けているようでは難しいですが、お腹のエクササイズに加えて、食生活を見直していくことでお腹やせはもちろん、女性らしい美しいシルエットを実現することは十分に可能なのです。

くびれは必ず復活できる理由

2

お腹の脂肪が固まったバター状態なだけ！

でっぱらさんに多いのですが、お腹を触ってみるとびっくりするくらい冷たくなっていませんか？

この冷えた場所はさながら「固まったバター」のような状態なのです。冷たい上に動かないので血流は悪くなり、血流が悪くなると老廃物を運んでくれるリンパの流れも悪くなります。

使われずに冷えた筋肉のまわりに脂肪が固まったようにつき、老廃物もどんどん溜まっていくことで、さらに動きにくくなって固まっていってしまう……。このような悪循環にはまりこんでしまうと固まったバターはデコボコのボロボロの状態。これがセルライトと言われるものの正体です。

この状況を変えるには、やはり「動かす」しかありません。運動すると身体が熱くなりますよね。筋肉というのは、使うと血流が良くなり体温が上がり、カロリーを消費するものなのです。エアコンの温度を上げると、どんどん電気を消費し、電気代が上がるのと一緒です。体温が1℃上がるだけで基礎代謝は約13％、免疫力は30％上がるといわれているんですよ。

つまり身体の温まったところというのは、運動量が増えて消費カロリーが増えるので、それだけ脂肪を使ってくれますし、温まっているので周辺も活性化していて、脂肪がつきづらい状態になっているのです。

でっぱらさんとくびれさんの脂肪の違い

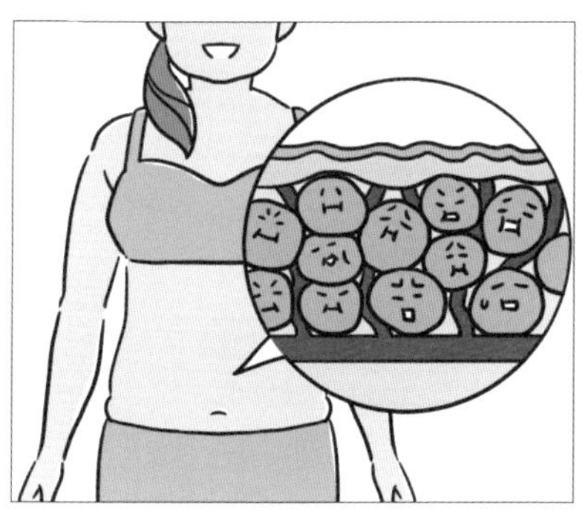

冷えた脂肪に老廃物がつき固まる

冷えた筋肉のまわりの脂肪ももちろん冷えて固まったまま。そこに老廃物が溜まり、さらに固く厚くなっていく……。

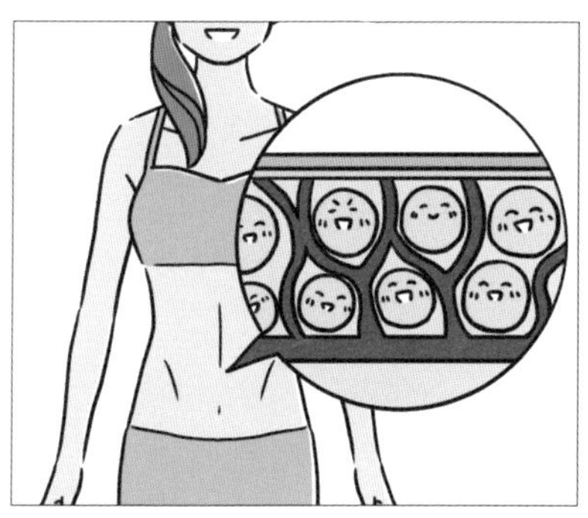

筋肉が動いて燃える!

筋肉を使うことで体温が上がり、冷えている時には固まっていたバターが溶け出すように、脂肪燃焼を促し、老廃物も流れていく。

下腹ぽっこり、ずん胴、三段腹……

なぜお腹は人によって太り方が違うの？

二の腕や太ももは太いか細いかであまり悩みに差はありません。しかし、お腹は人によって、三段腹が気になる人、下腹が気になる人、くびれを作りたい人……という風に悩みが違います。

これにはまず姿勢の悪さが考えられます。

たとえばいつも椅子に浅く座って、もたれかかるような体勢でいると背骨で上半身を支えているので、お腹まわりの筋肉は使われていません。骨盤も後傾しているので、さらに内臓が下がりやすい状態になっています。これではどんどん下腹が出ていってしまいます。

このような状態でカロリーオーバーが続くと、その上にどんどん脂肪が乗っていきます。お腹の筋肉が伸びずに丸まった状態で脂肪が乗っていくと、折れ曲がって溜まっていくしかありません。この結果、三段腹になってしまうのです。

さらに、お腹の横に沿う筋肉が使えていないとくびれはできにくくなりますし、お腹をぐるりと囲う筋肉が使えないと胴回りが広くなってしまいます。

その人の使えていないお腹の筋肉によって、太り方や改善法も違ってくるというわけです。

無理な食事制限をしたり、やみくもに腹筋をするのではなく、お腹の悩みにあったエクササイズを重点的に行うことが、理想のお腹を手に入れる近道になります。

くびれは必ず復活できる理由
3

お腹のやせスイッチがオフになっているだけ！

突然ですが、猫背でお腹の力を抜いた状態でご自身のお腹を触ってみてください。ぽっこりとお腹が出ていることでしょう。では次に姿勢を正して息を吐きながらウエストを絞るように力を入れていくと……あれ、不思議！　先ほどとは違ってお腹がへこんでいませんか？

そう、あなたのお腹には筋肉があって、今触っている筋肉をきちんと使えていればお腹はへこむのです。このことが少しでも実感できましたか？

テレビやインターネットでお腹やせの特集などがされていても、なかなか効果が現れないのは、何となくのイメージのまま形だけを追ってしまい、自分の身体と結びついていない人が多いからです。

ここに筋肉があって、この筋肉を使うとここが引き締まって――。

このようにお腹の筋肉の使い方が実感できるようになって初めて、自分の日常生活でも筋肉が使えるようにな

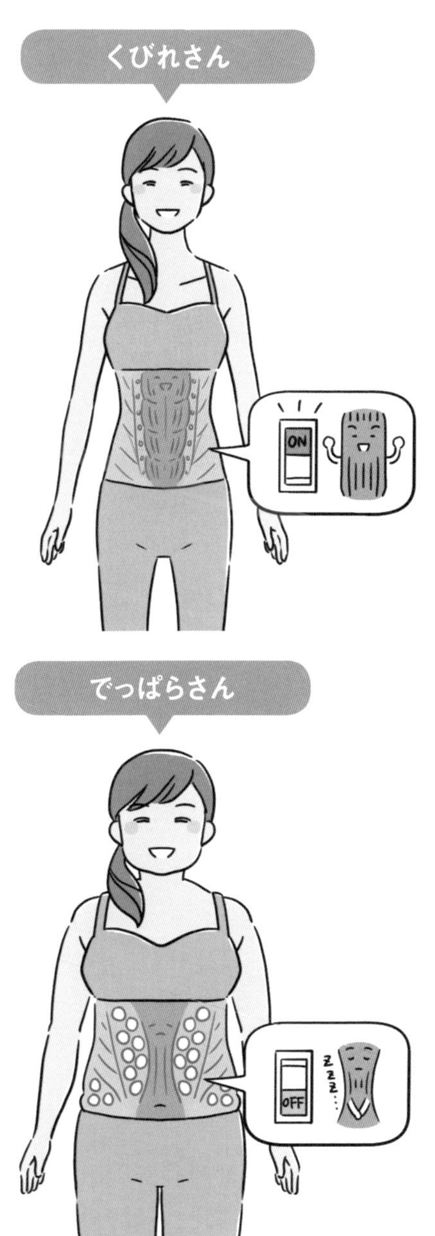

ってきます。つまり「やせスイッチ」をオンにすることができるようになるわけです。

個人差はありますが、やせスイッチがオンになると基礎代謝は13％ほど上がるといわれています。

スリムサイクルに入れば、特別激しい運動や厳しい食事制限をしているわけではないのに、自然とやせ始め、体型の変化が実感できるようになることでしょう。

美しいお腹を手に入れるためには

このくびれ筋を目覚めさせる!

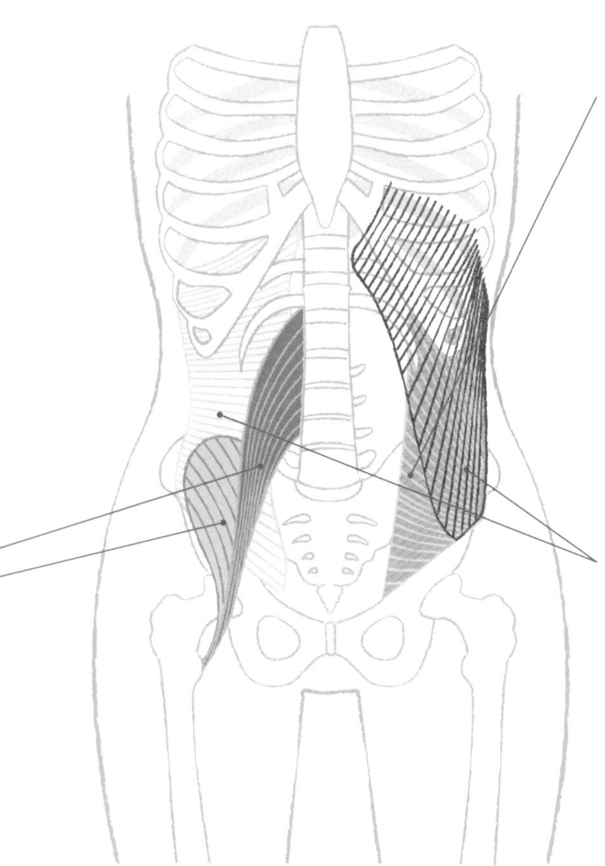

コルセット役の腹横筋

ぐるりとお腹まわりを包んでくれるインナーマッスル。内臓をホールドし、支えてくれるコルセットのような筋肉です。みぞおちの部分から恥骨のつけ根のあたりまでカバーしてくれる大きな筋肉なので、使えているかどうかがお腹の細さや厚み具合に大きく関わってきます。

くびれをつくる腹斜筋

外腹斜筋と内腹斜筋の２つの筋肉を総称して腹斜筋と呼んでいます。これは体側、いわゆる脇腹にある左右の筋肉で、身体を前にかがめたり、横にひねる動作をする時に使います。ただ、日常生活で身体を横に倒したり、ひねったりすることは少ないので、骨・筋肉・筋膜がガチガチに固まっている人も多いでしょう。

お腹やせの第一歩は、お腹をへこませ、くびれさせる筋肉を知ることから。そうでないと、筋肉をしっかり使えない状態でトレーニングをしてしまい、効果が出にくくなってしまいます。

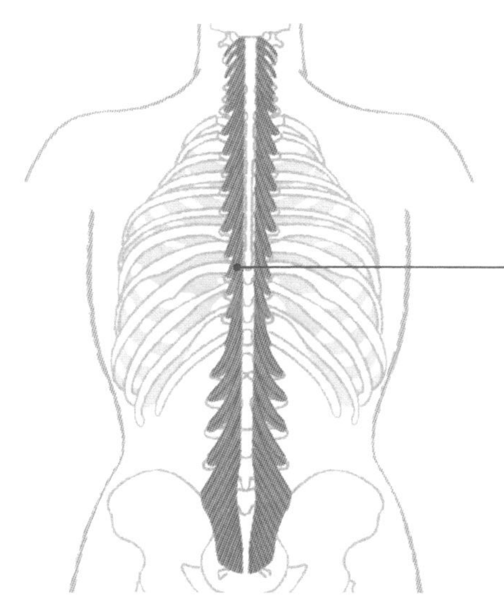

背骨を支える 多裂筋

背骨をひとつずつ繋ぎ、内側からサポートしているインナーマッスルです。多裂筋が弱ってくると背骨を支えられなくなり、姿勢が悪くなってしまいます。腰が丸まり、猫背になるとお腹を支えきれなくなり、どんどん下腹が出るようになってしまいます。

内臓を支える 腸腰筋

上半身と下半身を繋ぐ、大腰筋と腸骨筋の2つの筋肉を合わせて腸腰筋と呼んでいます。座っている時間が長いと腸腰筋が縮まりっぱなしになっていて、なかなか伸ばしたり、伸縮させることが少ない筋肉です。腸腰筋を使えていないと内臓を支えきれず、お腹が出てしまう一因となります。

お腹やせのために！

知っておきたい脂肪の話

Fat

「脂肪」と一口にいっても、皮下脂肪、内臓脂肪、中性脂肪、セルライト……といろいろな“脂肪”にまつわるキーワードがあります。脂肪は大きく分けて２つ。それが「皮下脂肪」と「内臓脂肪」です。

皮下脂肪は身体のまわりを覆っている頑固な脂肪というイメージがあるかもしれません。でも本当は流動的な脂肪で、寝っころがった時に横に流れていったり、背中から胸のほうにかき集めるなんてこともできる動く脂肪なのです。

ところがこの皮下脂肪が溜まり、脂肪のまわりに老廃物が滞り始めるとくっついて固まり、セルライトと呼ばれるものになるのです。こうなってしまうと、落とすのはなかなか大変です。

一方で内臓脂肪は、文字通り内臓のまわりについている脂肪のことです。内臓の位置を支えているのは筋肉です。サポートの位置が悪かったり、弱かったりすると、内臓の位置が悪くなってしまいます。これではそれぞれの内臓がうまく働けない状態になります。すると消化不良になったり、脂肪を燃やしたり、満腹の信号を送るためのホルモンの分泌がうまくなされなくなってしまうことも。すると余計に食べ過ぎて、内臓脂肪を増やす原因にもなりかねません。

このように悪者のイメージが強い脂肪ですが、じつは私たちの生命維持やエネルギー源として重要な役割を担っています。食べ物から摂取した脂肪は本来なら細胞のひとつひとつに活動エネルギーとして届けられるものです。しかし、使われずに余ってしまうこともしばしば。それが脂肪として全身に蓄えられ、皮下脂肪や内臓脂肪になってしまうだけなのです。

本来の脂肪の使い方ができていれば、決して憎くも怖くもないはずなのですが……。溜め込み過ぎてしまった脂肪はしっかり落としていきましょう。

第2章 くびれはあなたのもとへ

くびれのしくみがわかったら、早速〝くびれ筋〟を意識しながらエクササイズに取り組んでみましょう！　理想のお腹を思い浮かべながらレッツエクササイズ♪

脂肪がガンガン燃える！

お腹が引き締まる！くびれ筋トレにチャレンジ！

くびれ筋トレは、腹横筋、腹斜筋、多裂筋、腸腰筋のそれぞれの筋肉に2つずつあります。ぜひ、どこの筋肉に効いているのかイメージしながら行ってみてください。あなたのお腹の筋肉の使い方が日常生活レベルから変わっていくことでしょう。

あなたはくびれ筋トレをして、どんな身体になりたいですか？今よりもお腹がへこんだら、どんな服を着て何をしたいですか？あなたがダイエットして叶えてみたい目的ってどんなことでしょ

くびれ筋トレのルール

rule1

くびれ筋トレは1つの筋肉につき2種類をセットで。4つの筋肉に対応するものを1つずつではなく、1つの筋肉に対して2種類を行うほうが筋肉への刺激がしっかり入ります。

rule2

理想の体型やくびれたお腹などプラスのイメージをしながら、笑顔で行いましょう！好きな音楽やアロマの中で行ってもOK！

うか？
理想のあなたのイメージや目的がわかったら、忘れないように書き留めておきましょう。

では、あなたの人生が変わるダイエット。いつから始めますか？
ダイエットに期限を決める人は多いのですが、結果を得られずやったりやらなかったり、ダイエット難民になってしまうのはなぜなのでしょう。かつての私もそうでしたが、ダイエットは明日から、今日は最後のスイーツを食べよう、今夜が最後の晩餐、な～んて経験ありませんか？
そう、ダイエットで大切なのは、期限ではなく、**いつから始めるのかを決めること**なんです。よし、やるぞとスタートを決めたらあとは簡単。無理せず自分のペースでかまいません。できない日があっても最初はオッケー。ハードルを上げて始められないままでいるよりも、小さなステップから積み重ねていきましょう。

rule3
呼吸は止めずに
自然に続けましょう。

rule4
痛みや
違和感があったら
無理せず
ストップしましょう。

rule5
生理中もOKです。
ただし重くてしんどい
時は無理せずできるペ
ースで行いましょう。

rule6
時間帯はいつやっても
かまいません。

ゆるんだ〝コルセット〟をよみがえらせる！
腹横筋エクササイズ❶

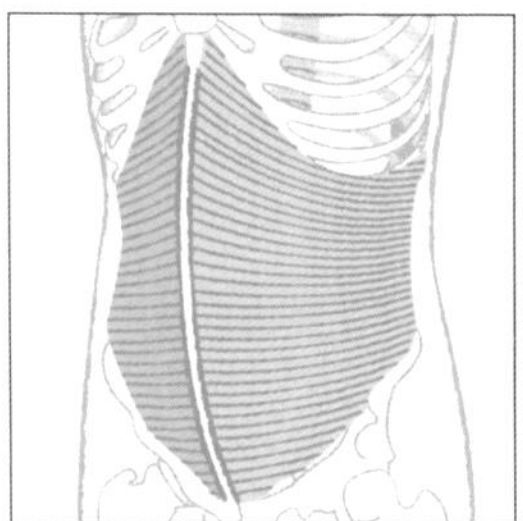

1 広げる

両手で肋骨を包み込みます。前側だけでなく、親指で後ろ側も触るようにすると全体がつかめます。息を吸いながら肋骨を前後左右に360度大きく広げます。

―〈 ここに効く! 〉―

ずん胴で悩んでいる、くびれがないという方におすすめのエクササイズです。また、アンダーバストが広めという方も、腹横筋を使えるようにして、本来の位置に肋骨を戻してあげると、バストは残しつつウエストに向かってキュッと締まった、メリハリがありスタイルよく見えるシルエットになります。

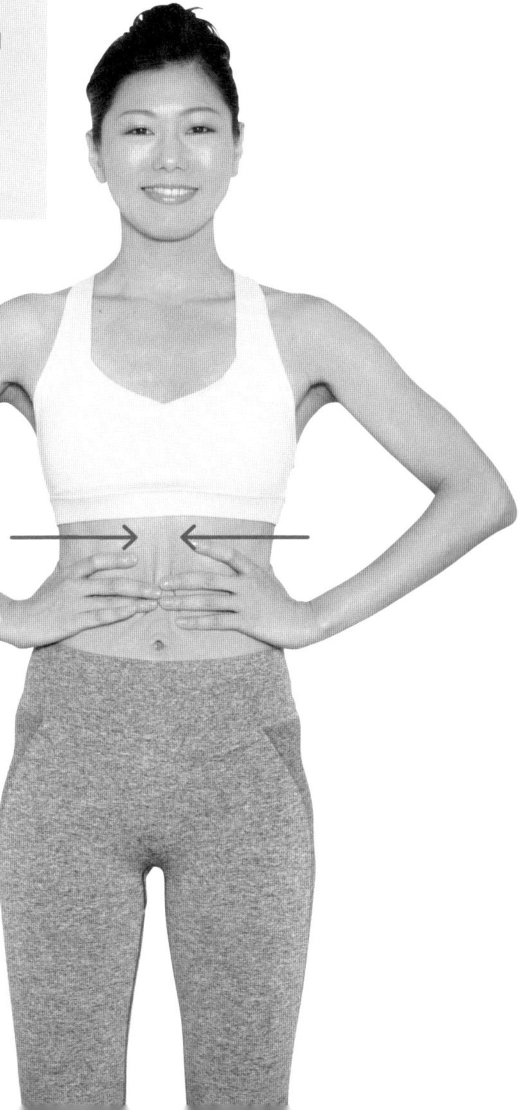

2

縮める

息を吐きながら、肋骨の輪を内側に細く小さく締めていきます。肋骨を締める感覚がわかりにくい時は手の力を使って押してあげたり、ストッキングやタオルなどを帯のように巻いて締めてあげるとわかりやすいです。

10回

腹横筋エクササイズ 2

1 あおむけに寝る

あおむけに寝て、ひざを三角形になるように立てます。ハンカチやタオルをお腹に載せるとわかりやすいので載せておきましょう。

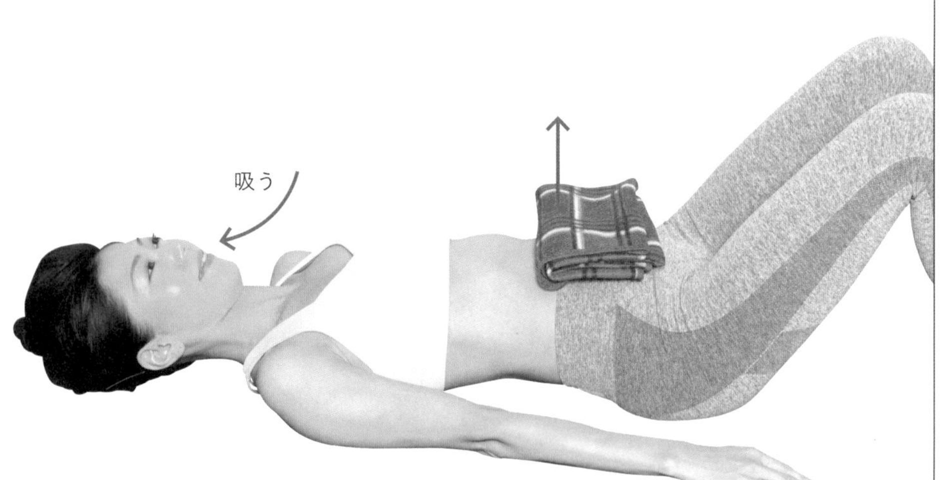

2 お腹をふくらませる

息を吸いながらお腹をふくらませていきます。

さらに負荷をかけたい時はお尻を上げる!

お腹をへこませながらお尻を上げていくと、お腹だけでなくヒップアップにも効果的。腹横筋が締まっていない状態でお尻を上げると、お腹・お尻に効果がないだけでなく、腰を痛める原因にもなるので注意しましょう。

10回

慣れたら30回くらいでもOK

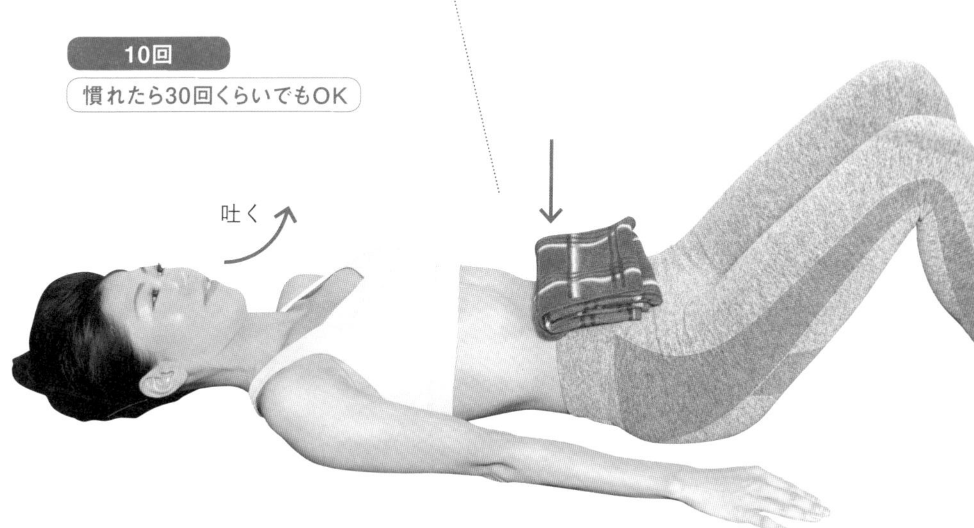

3 お腹をへこませる

息を吐きながらお腹をへこませます。お腹に載せたタオルが動いている感覚があればＯＫ！
呼吸に合わせて繰り返します。

キュッとしたくびれをつくる！腹斜筋エクササイズ❶

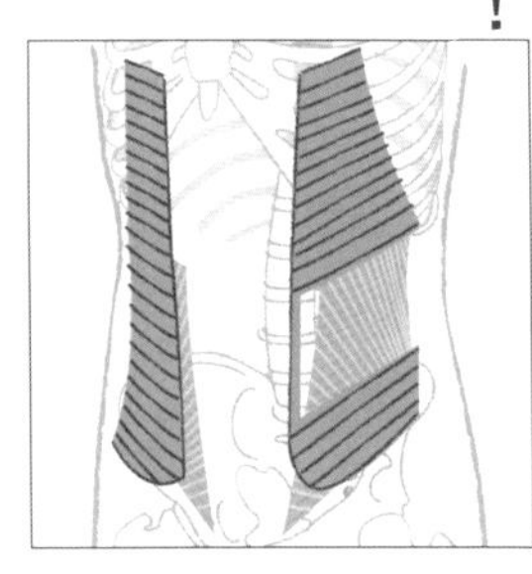

1 立つ

足を肩幅に開いて立ちます。足の裏はしっかりと地面につけ、背筋を伸ばして上に引っ張られるように真っ直ぐ立ちましょう。

ここに効く！

サイドからV字ラインを作ってきれいなくびれをサポートしてくれる筋肉です。普段は固まりやすい腹斜筋を使えるようにすることで、自然と日常生活で使えるカロリーも増えてスタイルアップ。

左右それぞれ10セット

2

上へ伸びる

右手を上に上げて、息を吸いながら、指先を天井の方へ伸ばし、グーッと上に伸びます。

3

横に倒す

息を吐きながら、身体を左側に倒していきます。胴体がねじれないように、胸とおへそは正面を向けながら行いましょう。吸いながら2の状態に戻って、吐きながら倒すという一連の動きを呼吸に合わせて行いましょう。反対側も同様に行います。

腹斜筋エクササイズ②

1

立つ

足を肩幅に開いて立ちます。手を軽く握って、ひじを曲げます。

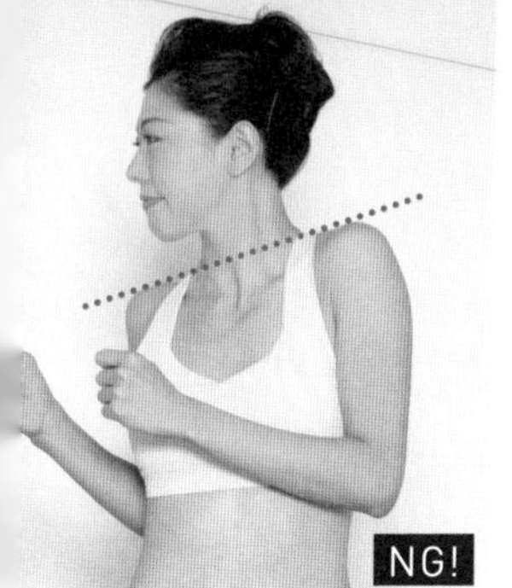

肩が上がる

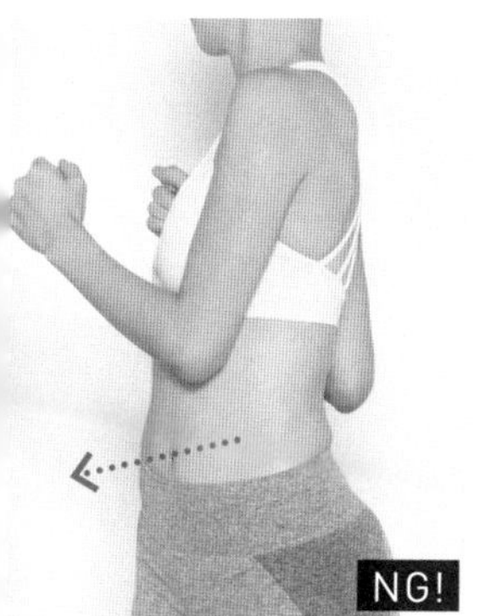

おへそが横を向く

2

ひねる

おへそを前に向けたまま、雑巾絞りのようにウエストをひねります。肩だけが動いたり、胴体ごと大きく動いてしまわないように、おへそは正面を向けた状態でウエストを左右にキュッとひねりましょう。

左右1回を10セット

腹ペタを実現する！
多裂筋エクササイズ❶

1 立つ

足を肩幅に広げて立ちます。膝はピンと張らずに軽く緩めます。

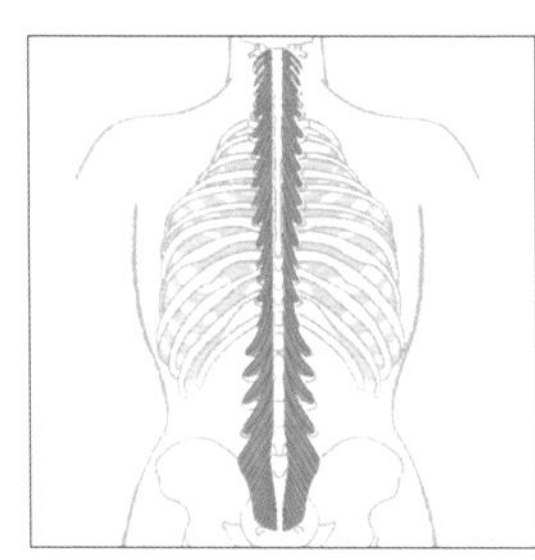

ここに効く！

背骨をサポートしているインナーマッスルです。多裂筋が適切に使われることで、背骨の歪みが解消されてお腹まわりの筋肉を効率よく使えるようになります。

2

上半身を倒す

脚の付け根の部分に両手をそえて体を90度に折り曲げるように上半身を倒していきます。この時、背中が丸まらないように、できるだけ背筋を伸ばしてお尻を後ろに突き出していくイメージで。できる方は地面と平行になるところまで上半身を倒しましょう。背中ともも裏に効いている感じがすればOKです。

10回

多裂筋エクササイズ❷

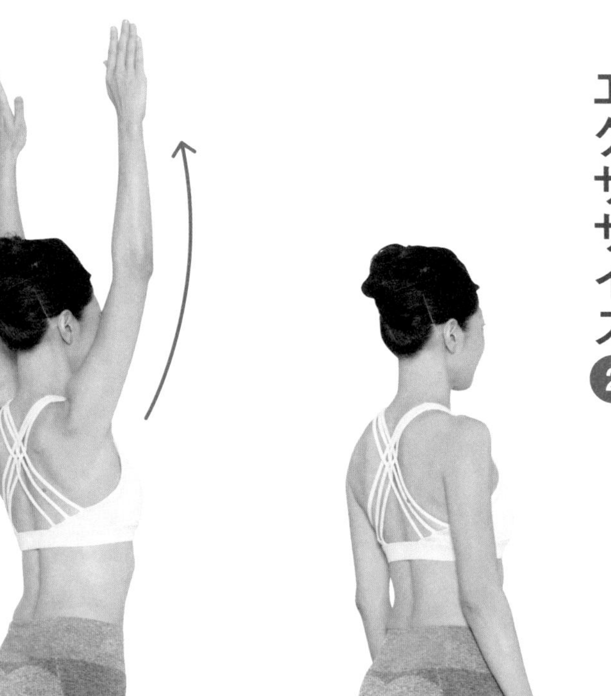

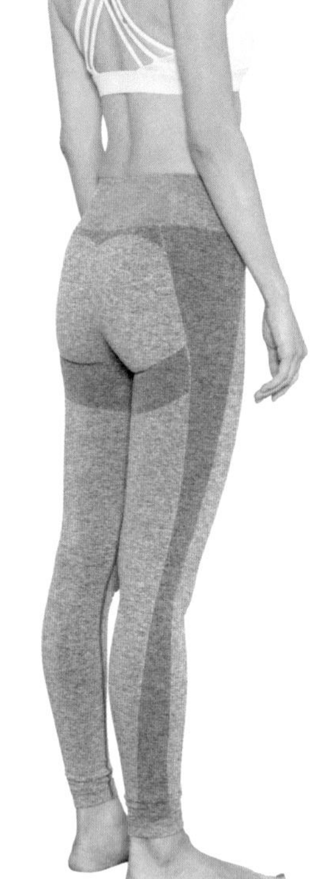

1 立つ

肩幅に足を広げて立ちます。

2 腕を上げる

手の平が正面を向くようにして、両手を天井のほうへ上げます。

3 胸を上げていく

息を吸いながら胸を天井のほうへ向けていくように背中をアーチさせていきます。お腹にも力を入れて腰を反らしすぎないようにして、ブラのホックの位置を後ろから斜め上に押されているようなイメージで背骨全体をしならせるイメージです。息を吐きながら元の体勢に戻します。

10回

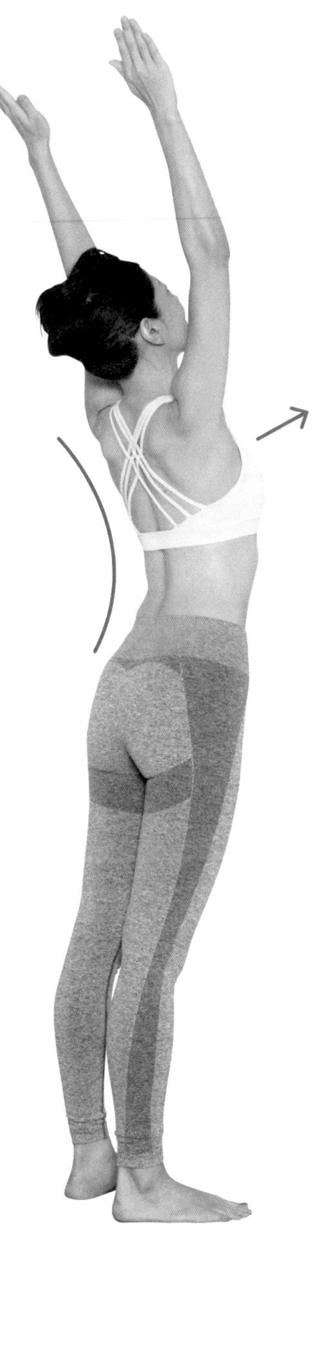

NG!

腰は反らない

下がった内臓を持ち上げる！腸腰筋エクササイズ❶

—く ここに効く！ ＞—

上半身と下半身をつなぐ筋肉。腸腰筋が弱い方は、お腹が出てしまうだけではなく、腰に負担がかかっている場合が多く、腰痛持ちの方が多いです。腸腰筋を鍛えることで、腰の負担や痛みが減り、それと同時にお腹がへっこんでいきます。

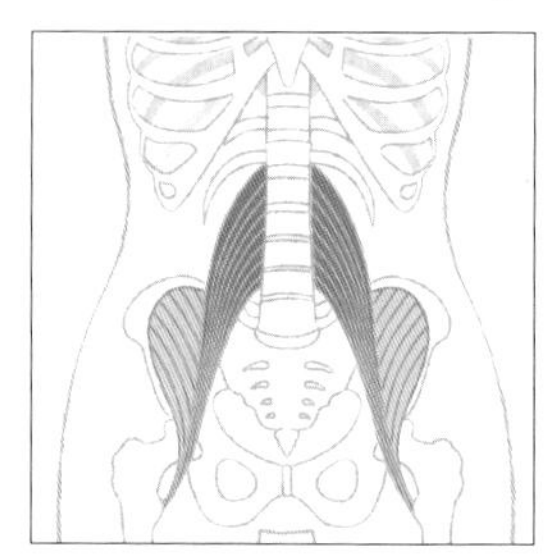

1 片膝立ちになる

右足を前に、左足を大きく後ろに開き、片膝立ちになります。右の膝が90度になるようにして、左の膝は床につけ、つま先までまっすぐ伸ばして足の甲を床につけましょう。

2

伸ばす

右膝に両手を載せ、息を吐きながら左脚のつけ根を伸ばしていきます。ふらふらしてしまう場合は、両手を床について少し体重を前にかけながら伸ばしたり、壁に手をそえながら安全に行いましょう。

3〜5呼吸

腸腰筋エクササイズ❷

1 寝る

あおむけに寝ます。

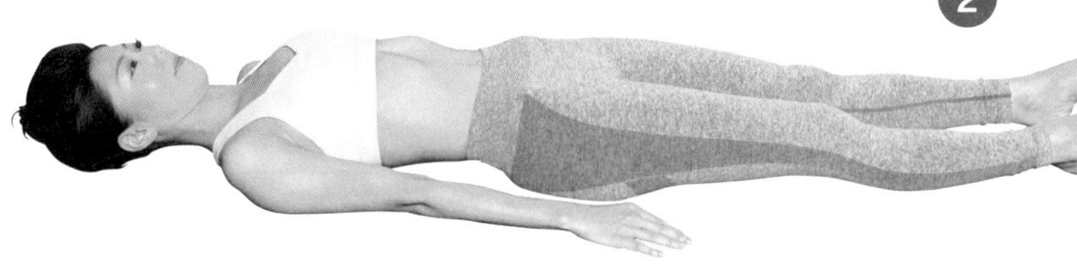

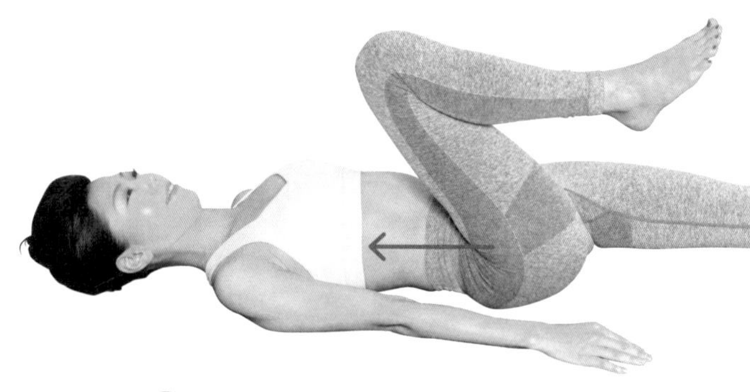

2 足を寄せる

息を吐きながら、お腹を縦に縮めるイメージで膝を胸の方へ引き上げます。膝を上げるのではなく、腸腰筋を縮めることで、足がついてくるというイメージです。吸いながら上げた足を戻します。

左右1回を10セット

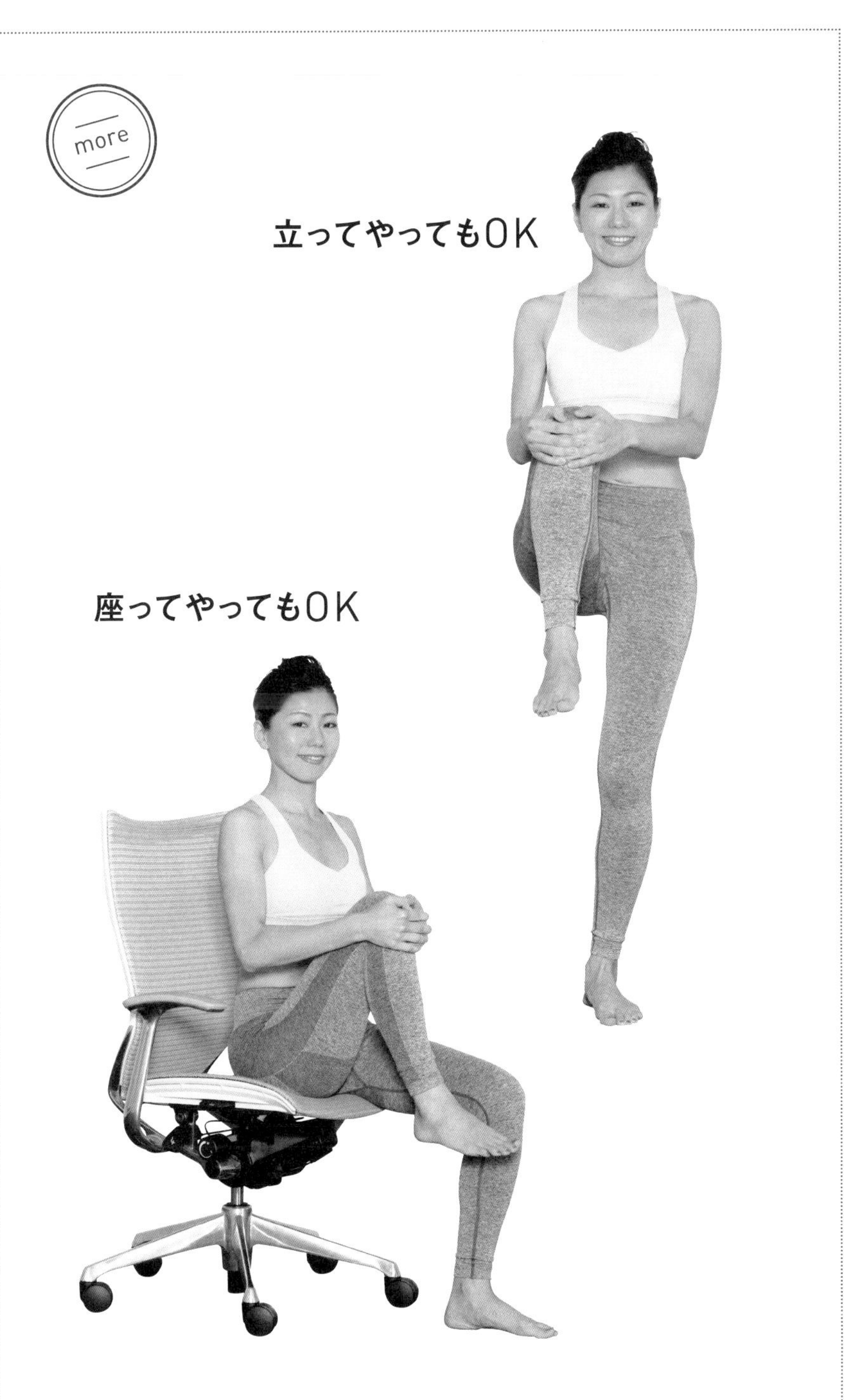
more
立ってやってもOK
座ってやってもOK

more

ガンコすぎる脂肪には マッサージで 脂肪の燃焼率UP！

使われなくなった筋肉はカチカチになって骨とくっついてしまっているため、上手く動かなくなっています。また、使われていないために感覚が鈍くなっていて、神経との伝達がうまくいかなくなっていたりします。

まずは凝り固まった筋肉を動きやすくするために、目覚めさせてあげるように優しく刺激を入れていきましょう。

脂肪燃焼マッサージは、くびれ筋トレの前に行うとより効果的です。セルライトになっているような部分は、マッサージを行うことで血流を良くし、老廃物の流れを促すことにつながるので、積極的に行いましょう。

ただし、忙しくて時間がない方や色々やる事があるとストレスになるという方は無理にマッサージを取り入れなくてもＯＫです。まずはくびれ筋トレにしっかり取り組み、余力があればマッサージも行ってください。

Massage_01

腹横筋　腹斜筋

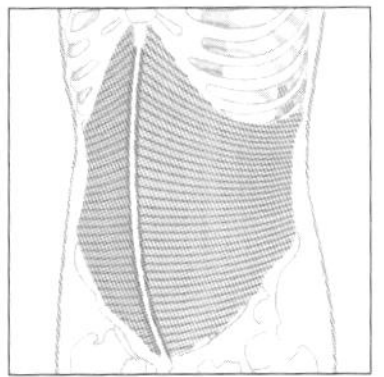

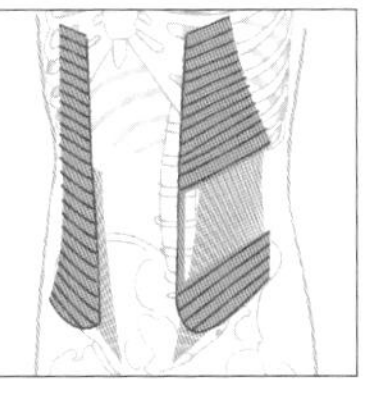

を刺激するマッサージ

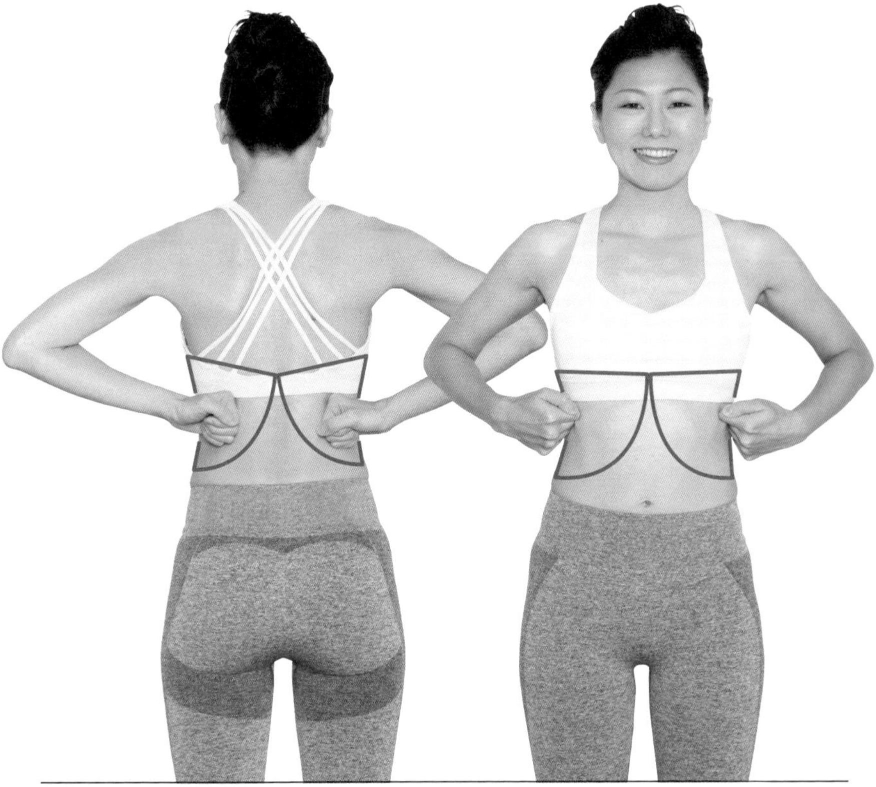

こぶしをつくり、第２関節を使って行います。骨と筋肉、脂肪を引き離すようなイメージで、肋骨の前側、横側、後ろ側をグリグリとほぐしていきましょう。
体の柔軟性にあわせて、無理せず触れる範囲で幅広く行っていくと良いでしょう。

Massage_02

多裂筋

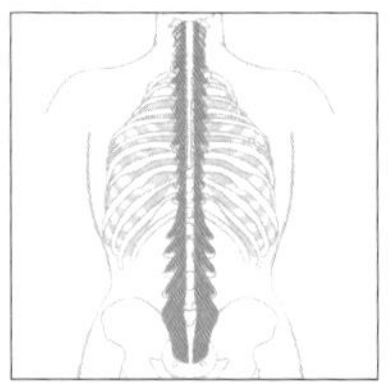

を刺激するマッサージ

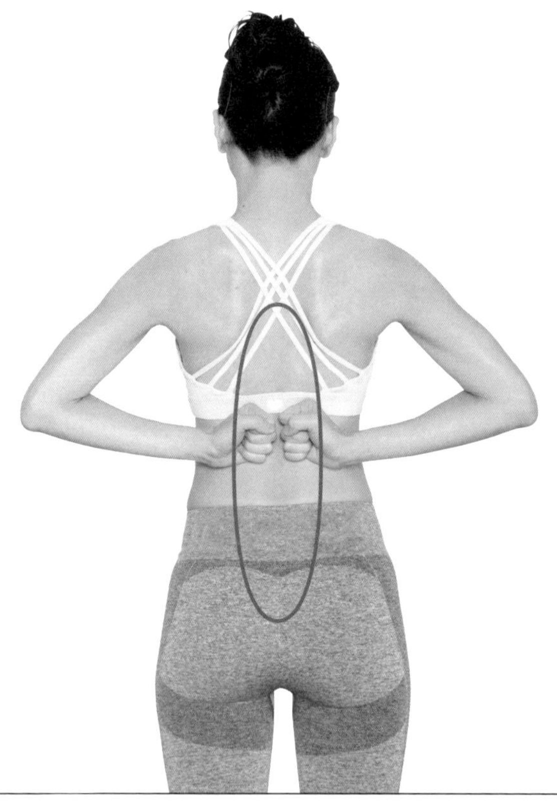

背骨まわりをほぐしてあげるのが大切です。肩甲骨の下あたりから、背骨の両サイドにこぶしを当てて、揺らすようにほぐしていきます。尾てい骨のあたりまでほぐしていきましょう。

Massage_03

腸腰筋

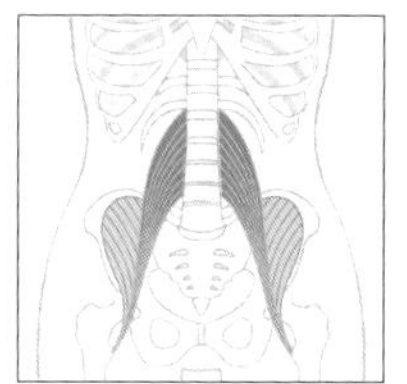

を刺激するマッサージ

腰の両側にある大きな骨（骨盤）をつかみます。
つかんだ部分の内側あたりを骨からはがしていくイメージでほぐしていきます。

お腹やせのために！

知っておきたい おやつ の話

Snack

美しいボディメイクやダイエットに、スイーツやおやつはどうなのか問題。私は、食べたいものは美味しく頂けば良いと考えています。だって、我慢ばかりのダイエットなんて長続きしません。それよりは、ちゃんとコントロールしながら時々おやつを楽しみ、その分バランスをとれる自分になる方が大事！

ただし、お砂糖と小麦は中毒性があり、麻薬のように摂れば摂るほど欲しくなります。ダイエットを妨げるだけではなく、お肌にとってもシワやたるみの元となる大敵ということは知っておいて下さいね。

おやつタイムをなくしたくない、という方は、フルーツがオススメ。

キウイやりんご、バナナ、オレンジやグレープフルーツなどの柑橘類、ブルーベリーなどのベリー系は、メンタルバランスを保つにも効果的と言われています。

量は、片方の手のひらに乗る程度。キウイなら1日に2個、りんごなら1個という感じを目安にするといいですよ。添加物を含まない天然の果物は、水分やビタミンも補給できますので、朝や夕方の間食にぴったりです。食後や寝る前は、身体を冷やしてしまったり、使わない糖質をためこむ原因になってしまうので気をつけましょう。かわりに蜂蜜や無添加の豆乳、ハーブティなどを楽しんでみてはいかがでしょうか？

食べないことにフォーカスするのではなく、健やかで美しく、いつまでもやりたい事ができる充実した人生のために、“何を食べるのか”にフォーカスしましょう♪

それでも「スイーツ美味しい、好きやねん！」と言う方は、無理してやめなくていいと私は思います（笑）。その代わりに、添加物の少ない厳選スイーツを楽しく探してみる、いくつものスイーツをとらないようにする、新鮮なお野菜をたっぷり摂る、お散歩を習慣化する、など、出来る事をやる方がストレスもなく楽しくダイエットできると思います。

第3章

必ずくびれを手に入れる！

くびれ筋トレをしたほうがいいのはわかっていても続かない……。もしかしたらそれは取り組み方が合っていないだけかも。あなたに合った進め方を紹介します！

久しぶりに
お腹使った～
ちょっと
くびれた⁉
このまま続ければ
キュッっと引き締まった
くびれが手に入りそう～
くびれたら
みんなで
ビキニ着よ～っ！

ところがーー
しっかり食べて
午後もガンバローー！
うまっ！
大盛り…
ちょっと
食べすぎちゃったかなぁ～
この企業分析も
よろしく
・・・
エクササイズなんて
やるヒマない…
旅行だしいいよね～♪
おいし～
まっいっか～
ぐぉ～
ママ…
今日も
エクササイズ
出来なかった…
一人ひとり、
タイプに合わせた
やり方をすれば
大丈夫！

あなたに合うやり方がわかれば、エクササイズは続く！

くびれは手に入る！キープできる！

せっかくのくびれ筋トレも続かなければ効果を発揮しません。

お腹やせに大切なこと、それは「続ける」ことです。

私の教室に通われている方は、週に1回、1時間いらっしゃる程度。それでも結果を出しているのは、「続ける」ことができているからです。

これまでにもジムに通ったり、エクササイズに取り組んだりしても、満足いく結果につながらなかったのは、あなたに合った続け方をしていなかっただけかもしれません。いくら「結果にコミットする！」とトレーナーに意気込まれても、それが苦手な方もいらっしゃるでしょうし、どうしてお腹やせにつながるかわからないままエクササイズを提案されてもやる気が出ないという方もいるでしょう。

人によって合うやり方は違いますし、合わないやり方で無理をしても続くはずはありません。まずはあなたに合うやり方を知ること。そこからお腹やせは始まります。

本書では生田知久氏のエネカラー理論の研究をベースにして、性格によるタイプ分けをしています。それぞれのタイプによって、目標の立て方やくびれ筋トレの進め方などが違います。

次のページで自分のタイプがチェックできます。それぞれのタイプごとに取り組み方を紹介していますので、ぜひ自分のタイプを知り、最短で理想のお腹を手に入れてください。

更に詳しいタイプ診断をしたい方はこちらから
https://enecolor.geniam.com/
本書ではエネカラーの各タイプを下記のように分類しています。
赤→コミットtype、青→ロジカルtype
黄色→わくわくtype、緑→みんなでtype

一番しっくりくる言葉はなんですか？

よく使う、言うかもというフィット感があるタイプを選んでください

なるほど

興味深いですね

知的・計画的な

ロジカル
type

P.62へ

よっしゃー！

やるぞ！

体育会系の

コミット
type

P.56へ

あなたのタイプを知ろう！

大丈夫

みんな一緒に

P.74へ

おもしろそう！

ウケる～

P.68へ

体育会系のコミットtype

特徴

- 期限を決めて、数字や目標に向かって突き進んでいく
- 行動力があり、前向きで情熱的な熱いリーダータイプ
- 時にはやり過ぎて上手くいかないことも
- ダイエットしようという意識は高く、通販グッズを持っている率高め

目標の立て方

未来の目標に向かっていくのが得意なタイプなので、実際に体重を測定したり、メジャーでサイズを計ったりするなど数字をうまく使うのがポイント。

さらに、期日を決めて周りに公言するとやる気に火がつくでしょう。

例

現在の体重を計る
目標体重と期日を決める
目標のサイズを決める
目標期日を決めメンバーを募り競争しながら進める

進め方

ノルマがあると「やるぞー!」と気合が入るタイプです。体重を計る習慣づけやエクササイズの回数を決めるといいでしょう。

例

体重を計る
決めたエクササイズができたら達成マークをつけるなど

挫折回避のポイント

思った通りの結果が出ないとイライラしたり、怒りっぽくなりがち。根を詰め過ぎず、時には息抜きをしましょう。

自分では満足いかなくても、周りから見たらすごく変化している事もあるので、時には周りの話を聞いてみたり、客観視してみましょう。

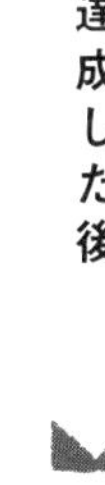

達成した後

現状維持よりも、さらなる上を目指すことで燃えるタイプです。

レベルアップした自分を思い描き、新たな目標を作ったり、ダイエットチームを作ってリーダーシップを発揮することで、やりがいを持ち、楽しく続けていくことができます。

営業マンとして頑張るガチコさん
これから頼むね
頑張ります！
今月は前月比200%を目指しましょう
やるぞ〜
もえるわ〜
よろしくお願いします
はい！
よし!!
ありがとうございます
よし!!
営業成果グラフ
目標
田中
ガチコ
伊東
松井
ヨッシャー!!
外回りはお腹がすく〜
しっかり食べて午後も頑張るぞ！
とんこつラーメン
みそラーメン
塩ラーメン
チャーシューメン 680
特製ラーメン 700
750円
ふぅ〜お腹いっぱい♥

ふ〜
今日も頑張った〜
サイコー
つけているだけで
筋肉を刺激！
〇〇パッド！
10分以内にお申し込みの
方は1万円引き！
10分以内
1万円引
え〜！
電話しちゃおっ！
即行動！
もしもし
今テレビみて…
FITNESS CLUB
気合いを入れて！
もっと強く！
はいっ
ふぅ〜
やり切った〜
また来よっと
数日後
体動かしたいけど、
時間が取れない…
イラ
イラ
よしっ！
飲みに
行くかっ！
バタンッ
やきとり
酒場
PIZ

リョーコ先生
こんにちは
早速
レッスンを
始めましょう
こんにちは！
では、まずは
体重とウエストを
はかります
ひえ～
見たくない～
pipi
こんなにあったんだ…
うわぁ――…
さぁ！これが
ガチコさんへの
ノルマよ！
はいっ！
目標
3か月間でウエスト－15cm
方法
・2種のエクササイズを
毎日10回行う
・毎日必ず体重を測る
何だか燃えてきた！
POINT
数字で
目標を決める！

ただいま〜
疲れてるけど
ノルマはこなすぞ！
お風呂の前に
体重測って…っと
よ〜し
今日も目標
クリア♪
WED THU FRI SAT
数日後
なんで！？
体重が減らなく
なってる！
飲みにでも
行きたいけど…
う〜ん
そうだ！
カラオケで
思いっきり
歌ってスッキリ！
POINT
根をつめずに
息抜きを！
ノルマ達成〜〜！
なんだか最近きれいに
なりましたね。
発注増やしちゃおうかな〜
ははは
やったー！
ガチコ先輩
ステキ！
エヘヘ
ガチコさんやったわね！
次はコレ！
もっときれいに
なれるわよ！
よ〜し！
頑張るぞ〜
POINT
現状維持よりも
上を目指す

知的・計画的なロジカル type

特徴

- 全体像を把握し、戦略をトータルプランで考えていきたい
- 自分の納得したことを自分のペースで進めていきたい
- 「流行っているから」、「○○さんがやせたから」、では納得いかずストレスになる
- 解剖学や筋肉の仕組みなどの理解がお腹やせを加速させる

目標の立て方

全体像がつかめるように長期の計画を立てるといいでしょう。最終的にどうなりたいか、そのためには3か月後にはどうなっていて、そのために1か月後までにどうするか、日々のエクササイズは何をしていくのか、手帳に予定を入れ込んでいくといいでしょう。

考えるのが楽しいタイプなので、どんな工夫ができるかプランニングも楽しみましょう。

進め方

プロジェクトのひとつにしてしまいましょう。お腹改造計画のプラン図を作って、進行予定を手帳に書き込んだり、日々、振り返りの時間を作って、よかった点、改善点などをメモしておくと質の高いエクササイズを進めていけるでしょう。

挫折回避のポイント

挫折している自分を、もう一人の自分が観察しているようなつもりで分析をすると、課題が見えてきます。人間ってこれくらいで飽きがでるよな、3日置きにご褒美を入れよう、子どもの行事が続いて疲れちゃったんだ、仕切り直そう……というように。

理論タイプがジムに行って「とりあえず楽しくやってみよう」「がんがんいこう！」などトレーナーさんに言われても腑に落ちず、ストレスで続かないので要注意。

達成した後

分析・研究能力が高いので、自分でやってみて効率がいいやり方を検証し、人に教えてあげたりするとバージョンアップしていきます。知的探究心も旺盛な人が多いので、さらに質を上げたり技を磨いていくと興味深く長続きするでしょう。

敏腕コンサルタント
リロンさん
そのデータ、
こっちで
まとめたから
テキ
パキ
助かります～
資料
みておいて
早っ!!
御社の場合、
トータルの戦略プランを
申し上げますと…
ふむふむ
ただいま～
遅くなってごめんね～
今日はオムライスに
するねっ
宿題
おわった？
うん!!
おかえりー
夫
やった～！
いただき
まーす
パクッ
ピッカー
ありがとう
ママの
お料理
おいしー!!
って…
こっちはどうしよう…

personal TRYJIM
TRY JIM
とりあえずやってみよう！
気合いだ！君ならできる！
……
流行のサプリ手に入れたの。
一緒に使ってみない？
同僚
Diet=super slime
アイドルの〇〇も
使ってやせたんだって
いや、
そういうのは…
摂取カロリーと
消費カロリーを
コントロール
すればいいはず！
やっぱり王道?!
カロリー計算して…
食べすぎた分は
ウォーキングしなくちゃ
全然変らない…
なぜ〜？？

ではレッスンを始めましょう
今回のプロジェクトは〝お腹改造計画〟よ
よろしくお願いします
POINT
全体像をつかんでプランニングを！
なるほど。それは興味深い
分析・研究計画ね…
今日は腹斜筋のエクササイズ2セットね
ミッションクリア！
25
26
27
28
29
30!!
POINT
エクササイズはその日のミッション
前よりラクにできるようになった
報・連・相ね
ふぅ〜
順調順調〜♪
数日後
あれ〜順調にへこんできてたのになんで〜〜
って待てよ…

あ。子供の行事が続いていたから疲れてたんだ
なるほど
納得だわ
それに、私ってこの位で飽きが来てるみたいだから、3日置きにプチご褒美を入れよう
POINT
冷静に挫折原因を分析
忙しい時期が来るからこの週は目標値を下げよう！
11
12
13
14
15
16
17
わぁ〜ママのおなかペッタンコだぁ〜
おっ
ありがと〜
すごーい
リロンさ〜んSNSで話題の痩せるサプリだって〜
やせた？何やったの？
あれ？
POINT
人に教えてバージョンアップする
サプリより効率のいい方法みつけたの。エクササイズでね…

ノリのいい わくわく type

特徴

- 感覚重視。おもしろそう、やってみたいという感覚が大切
- ノリがよく、やってみたいと思ったらフットワークも軽い
- 気分が変わると三日坊主になってしまったりと長続きしにくい
- 数字を出されて、計画や期限を言われるとテンションが下がってしまう

目標の立て方

期限や目標数値を決めるよりも、○○さんみたいになりたい、あの服を着てどこにお出かけしようかななど、楽しいイメージを持ちましょう。きっちり数字を出してタスク管理するなどは向きません。

進め方

目標に近づいていることをイメージしながら楽しく行いましょう。エクササイズをきっちりやるよりも、インスピレーションを感じたものを行うようにすると、楽しく続けられます。

テンションの上がるウエアを買ったり、好きな曲をテーマソングにしたり、周りにほめてもらったり、自分で天才！　とほめながら進めると習慣化しやすいです。

挫折回避のポイント

モチベーションが上がらないとすぐに挫折してしまうので、憧れの人の画像やコラージュ写真、成功後の楽しみを待ち受け画面にしたりして、目標が目につくようにしておくといいでしょう。

体型が変わったらこの服を買おう、くびれ筋トレが3日続いたらリッチな入浴剤を使うなど、食べる事以外でも小さなご褒美をたくさん入れ、洋服やエステなど楽しい事の予約をしてしまうことで、めんどくさいなぁが軽減され3日坊主を防ぎながら楽しく継続できます。

達成した後

みんなでわいわいエクササイズをしたり、やったことがないスポーツや日本初上陸のアクティビティを体験しに行ったり、遊び心を大切にしながら、新しい体験をみんなでシェアするタイミングを持つようにすると、楽しく継続できます。

派遣OLとして働くノリコさん
やっぱ女子会サイコー
独身生活謳歌中
Smoothie
今日はヨガに行こーっと
いただきまーす♪
ただいま〜
このお腹ヤバすぎる…
よし！話題のハンモックヨガ行ってみよう！
うぅ…
観たいドラマあるし、今日はいっか〜
ボリボリ

ノリコさんの場合は5％の
体脂肪を落とすためにも、
総カロリーは1800calに。
タンパク質100gは
欠かさないように。
週に3回のトレーニングを……
ムーリー
はぁ…
あんな細かいの
絶対無理～
これカワイイ！
モデルの〇〇ちゃんみたい！
お…
お似合いで……
でも…

では皆さん、本日のレッスンを始めます！
はーい！
ノリノリで楽し～♪
これならつい買っちゃった服もモデルの○○ちゃんみたいに着られるかも！
家では楽しさ重視でやってみてね
〝達成できたらプチご褒美〟ってするといいよ！
ハイッ
スマホの待ち受けモデルの○○ちゃんにしちゃお～っと♪
少しは○○ちゃんに近づけてるかな～
POINT
エクササイズは
理想を思い描きながら、
楽しく！

3日後
POINT
小さなご褒美をたくさんつくる
高級パックしちゃお～♡
自分頑張った～！
これ下さい!!
ありがとうございます
海楽しそ～！
20:25
痩せたらみんなで海行こ～～！
最高！
ビキニ着ちゃおっ！
映え～
1.2.3.4.5…
10.11.12.13.14…
4
5
6
7
8
9
まぢうれしー!!
すごくステキー
ウェア似合ってる！
エヘヘありがとう♡
POINT
みんなで楽しくエクササイズ！を習慣にする

協調力のある　みんなで type

特徴

- 優しく、気遣いができる。周りに合わせるタイプ
- 周りに合わせられるがゆえに、意志が弱く、流されてしまうことも
- 強く言われるとそうかもと思い、自分に自信を持ちにくい
- 人とのつながりや和を大事にする。癒し系と言われることも

目標の立て方

人と比べて目標を決めるのではなく、今の自分からどうなりたいのか考えるようにしましょう。

過去の経験にも大きく影響を受けやすいので、まずは過去の苦い経験やコンプレックスがあれば、ノートに書き出して気持ちを整理します。それから目標を立てるとスッキリした気持ちで今までできなかったことができるでしょう。

進め方

一人でやるよりも、友達や同僚など誰かと一緒に進めるほうが続きます。難しい場合は、ツイッターに投稿したり、ダイエット応援ぬいぐるみなどを用意して話しかけたり、エクササイズをする時に置いて応援してもらいながら行うと頑張れます。見守ってもらい、応援してもらえる環境を作るのが続けるポイント。

挫折回避のポイント

感受性が強いので停滞期が続くとどうせ自分なんてと思いモヤモヤしてしまうことも。

できたことをどんどん書き出して見える化していきましょう。こうすることで、確かにこれは変わった、忙しいのに1回でもできたなど自分の成長を認めやすくなります。

また一人で落ち込まず、ダイエットを応援してくれる身近な人に話を聴いてもらうのもオススメ。ただし、おデブチームから一人抜けなんてずるい！と応援してくれない人には相談しないように注意しましょう。

達成した後

家族や友人、同僚など身近な人にも身体作りの良さを伝えて励ましあうと、どんどん自信がついていきます。また同じように悩んでいる人に、自分はこうだったよとサポートしたりお手伝いしてあげることで、自分ももっとがんばろうと思えるでしょう。

二児のママ
トモニさん
ごちそうさまー
もぉ～
パクッ
こんなに残して
もったいない～
けっこう
きついわね
誰でもスグにやせますよー
ごうう
ママのお腹
きもち～～
もう！
おもちみたい
このスーパーフード
特別に手に
入れたんだけど、
やせるみたいよ
キラーン
super food
すごーい！
みんなで
やってみよう
…ええ
どうして
変わらないの
かしら？
…むしろ増えてる？

あ、○○くんママだ！
スタイルいいよね〜
ほんとうにね
それに比べて
私のお腹は…
はぁ…
まぁまぁ
ケーキ我慢
しようかな
このケーキを
食べても
食べなくても
そんなに
変わらないわよ
パクッ
…そうだよね
美味しかったから
おみやげに
買って帰ろう♪
ハイ
これと
これと…

レッスンの前に。みなさんはどんな自分になりたいですか？
はっ！
なりたい自分を思い浮かべながらレッスンをしていきましょうね
POINT
人と比べず、
”なりたい自分”が第一
がんばる!!
トモニさんの応援団をつくるといいと思います
おつかれさまでした
ぬいぐるみでも、友達でも、ツイッターとかでも！
はいっ!!
エクササイズ頑張るね！
ふぅ
ふぅ
POINT
見守られ、
応援される環境をつくる
2セットも頑張ったよ～！
ぎゅっ

最近ダイエット
始めたんだけど
全然変化がなくて…
子育てしながら
頑張ってるなんて、
それだけで
すごいじゃん！
どうりで最近一回り
やせたと思った！
停滞期なんて誰でもあるし、
上手くいってる証拠だよ！
みんな
ありがとと〜
スッキリ
POINT
やったことは見える化する
あっ
いいねが
もらえたー
あれ？
ちょっとやせた？
お腹のあたりとか
えー
ありがとー
やったね♥
ダンナにそのお腹
ヤバすぎって
言われて…
言いかえせない…
ムニュッ
私もひどい
三段腹だったんだよ〜
えぇ〜
いいエクササイズと
続ける秘訣を知ってから
変わることができたの♪
おしえて〜
POINT
同じ悩みを共有すれば、
原動力になる！
もっと素敵なスタイルに
なるように頑張っちゃお

お腹やせのために!

知っておきたいボディメイクの話

Body makeup

いくつになっても思い通りの身体は作れる!

それを実証するために、私は40代になってボディコンテストへの参加を始めました。ただ痩せているだけでは美しい身体とは言えません。上向きのバスト、くびれたウエスト、丸いお尻……と、いかに鍛えられた美しい身体を作り上げているかを競う大会です。

しかし、どんなに理想とする身体があっても、身体には身体のルールがあります。筋肉だけを増やすことも、いらない脂肪だけを落とすこともできないのです。

筋肉を増やしたい時は、脂肪と共に筋肉も増やして全体を大きくする増量を行います。そして、その後にいらない脂肪を落とす減量を行います。できる限り育てた筋肉を残しながらですが、やっぱり多少は筋肉も落ちます。これを繰り返すことで、筋肉をつけ、なおかつスッキリ締まったカッコいい身体ができていくのです。

世の中のダイエット法は、半分あってて、あれれ?　残念!　最後まで教えてあげてー!　というものが多いように思います。

逆にいえば、きちんと原理原則に従って適切な行動をとれば、必ず身体は変わります。インターネットや動画などで簡単に情報が手に入る便利な時代になりましたが、誰からのどんな情報なのか、取捨選択して、理想の身体を手に入れましょう♪

第4章

脂肪の落ちを加速させ、くびれをキープする！

お腹に変化が出てきたら、気をつけたいのがリバウンド！　とはいえ、ガマンばかりでは続きません。生活を少し見直すことで無理なくスタイルを維持できます。

やせスイッチとは

なぜ〝お腹〟にやせスイッチがあるのでしょうか？

私はトレーナーとして14年、述べ3万人以上の身体の悩みを抱えた方と接してきました。そこで感じたのが、

「お腹やせしたいと思っている人」

「お腹だけやせない人」

「お腹に対して勘違いしている人」

がとても多いことでした。

たとえば本当はお腹をへこませて、くびれを作って、うすく細くしたいのに、一生懸命にお腹が厚くなる腹筋トレーニングをしている方や、下腹をへこまそうと頑張って太ももが太くなったり、腰を痛めてしまったという方は予想以上に多いのです。

このようなことを避けるには、身体の仕組みを知り、ご自身の身体の感覚、日常の動きとつなげることが重要になってきます。その点でも「お腹」は二の腕や脚などよりも、身体の変化を知るのに良くも悪くもわかりやすい部位なのです。

ちょっと意識すれば〝出て〟、ちょっと意識すれば〝へこむ〟そんなことができるのはお腹ぐらいです。職場でいきなり力こぶを作ったり、スクワットを始めることはできませんが、お腹を意識して姿勢を正すことはこっそり簡単にできます。

たとえやせスイッチがオフになってしまっても、気づいた時にこまめにオンにしやすいのがお腹。やせスイッチを入れることで最短で理想の身体に近づき、いつまでもきれいなくびれをキープしていきましょう。

「食事」が変わればお腹やせは加速する！

昨日の食事を思い出してみてください。

コーンフレークに甘いヨーグルトと果物、和風パスタランチ、チョコレートをつまんで、イタリアンな飲み会……。

なんてことないよくある1日の食事じゃない？　と思う方も多いかもしれませんが、じつは**カロリーオーバーなのに栄養不足**に陥っている状況です。

毎日なんとなく摂っている食事や間食、飲み物。でも、その中身をじっくりと検証してみると……砂糖や身体にとって良くない油分、カロリーは摂りすぎているのに、健康と美容のために必要な栄養は全然足りていないという方が意外と多いのです。しかもそれほど量を摂っていないにもかかわらず。

脂肪を減らすには食事を無視することはできません。今一度、食生活を見直してみましょう。

知らないと差がつく!

本当に摂りたい栄養とは?

じつは摂り過ぎている栄養

悪い油

外食や菓子パン、スイーツ、ドレッシングや調味料、サラダ油などにはトランス脂肪酸と呼ばれる油が使われていることがあります。この分解しにくい油は脂肪やセルライトになりやすく、これではいくら食事に気を遣っても泥水にいいものを入れているような状態となってしまいます。まずは食品表示を確認して、ショートニングやトランス脂肪酸は避けるようにしましょう。

小麦

炭水化物は私たちのエネルギー源として必要で、抜くと集中力が切れたり、便秘になりやすくなったりします。しかし、パスタやパンなどの小麦製品で炭水化物を摂取すると、体を冷やしやすいだけではなく、小麦に含まれるグルテンという成分が腸の粘膜を傷付け、消化や吸収の妨げになってしまいます。パスタやパン、クッキーなどの小麦製品はほどほどに。白米や玄米などお米を積極的に摂ったり、精製小麦から全粒粉の小麦に変えるなどの工夫を!

砂糖

砂糖には中毒性があるといわれています。ちょっとしたお菓子をついつい口さみしくて食べてしまったり、無意識につまんでしまうこともあるかもしれません。やめられないのは、あなたの意志が弱いからではなくて、お砂糖の麻薬のような中毒作用かも。完全に止めることが難しくても、一度1～2週間程度でもお砂糖をカットしてみてください。体がリセットされてつい食べてしまったり、甘いものが止まらないなどが少なくなることでしょう。

もっと摂りたい栄養

タンパク質

筋肉やお肌、髪の毛を作る元になる大事な栄養素がタンパク質。でもタンパク質を十分な量食べている人はとても少ないのが現実です。健康で美しい体づくりに必要なタンパク質は、体重×1～1.5倍のグラム数、つまり体重50キログラムの人で1日にタンパク質50～75グラムが必要です。お肉やお魚、卵、納豆やお豆腐などの豆製品、ヨーグルトなど色々な素材を毎日バランスよく摂取しましょう。

食物繊維

野菜や果物、キノコ類、海藻類などに含まれる食物繊維も多くの方が不足している栄養のひとつです。食べすぎを防ぎ、でっぱらさんに多い便秘を解消してくれる効果も抜群です。赤、緑、茶色、黄色、紫、白、黒といった色とりどりの食材を意識して摂るようにしましょう。生だけではなく、茹でたり加熱することでたっぷり摂取しやすくなります。

水分

体の60%は水分です。たっぷり摂取して循環させてあげることが大切です。1日に1～1.5リットルのミネラルウォーターを摂りましょう。お水が苦手な方は、ノンカフェインの麦茶やルイボスティーなどを含めてもいいでしょう。アルコールや、カフェインを含んだコーヒーや紅茶、緑茶などは水分補給にならないだけではなく、利尿作用で水分が出てしまうので、その分もプラスしてお水を摂るよう気をつけましょう。

意識して摂りたい！

脂肪を燃やし、筋肉を育てる食材

1日に摂りたい栄養の目安です。 意外と多いですか？
身体作りに必要な栄養素なのでしっかり摂りましょう！

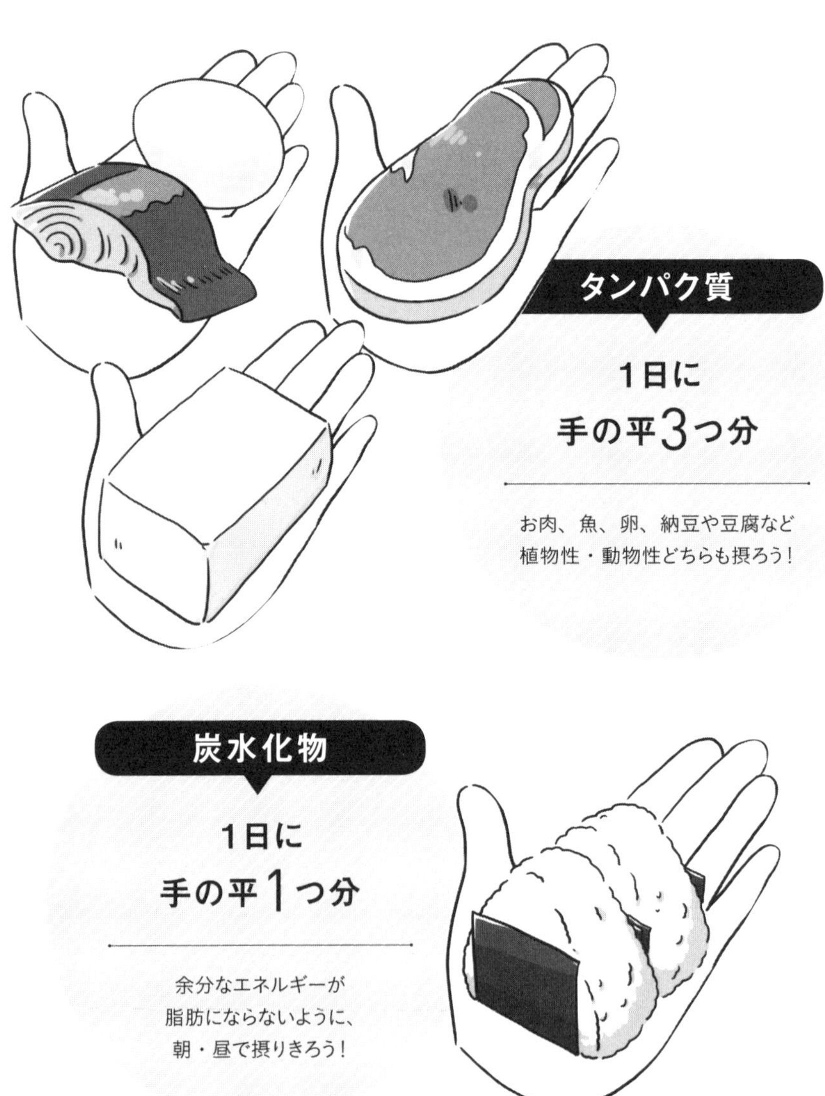

食物繊維

1日に
手の平2つ分

彩りを意識して
生でも過熱でもバランスよく！

油

1日に
大さじ1杯半

ココナッツオイルや亜麻仁油、
ごま油やオリーブオイルが
オススメ！

水

1日に
1~1.5リットル

常温もしくは温かいものを
こまめに分けて摂ろう。

スッキリお腹継続の秘訣

変化したお腹をキープし続けるためにできること

せっかく目標のウエストになっても、ちょっと気を抜くと肉づきがよくなっているのがお腹です……。

しかし、リバウンドに悩む人も、恐れることはありません。

美しいお腹をキープし続ける、とっても簡単な方法をご紹介します。

それは、「立ち方」「座り方」を変えるだけです！

たったそれだけ⁉　と思うかもしれませんが、寝ている時以外は、立っているか座っているかの体勢をしているのですから、効果バツグンです。

お腹がくびれた状態をキープするというのは、言い換えれば正しい姿勢をキープするということです。正しい姿勢で毎日を過ごしていると、お腹はくびれた状態でスッと伸びていて、お肉が乗っかる場所もなくなっていきます。内臓も正しい位置でご機嫌に機能してくれ、筋肉は自由に伸び縮みできるので自然と動いてカロリーを消費してくれます。

これを機に、自分の姿勢に意識を向けてみましょう。

デスクワーク中は背もたれに寄りかかっている、ついスキマ時間にスマホを見てしまって猫背……など、無意識に姿勢が悪くなっていることが多いと思います。90~91ページでくびれをキープする立ち方、座り方を紹介します。気づいたらこまめに姿勢を正すようにしてみてください。自然と姿勢もくびれもキープできるようになっているでしょう！

立ち方 ウエストが細くなる

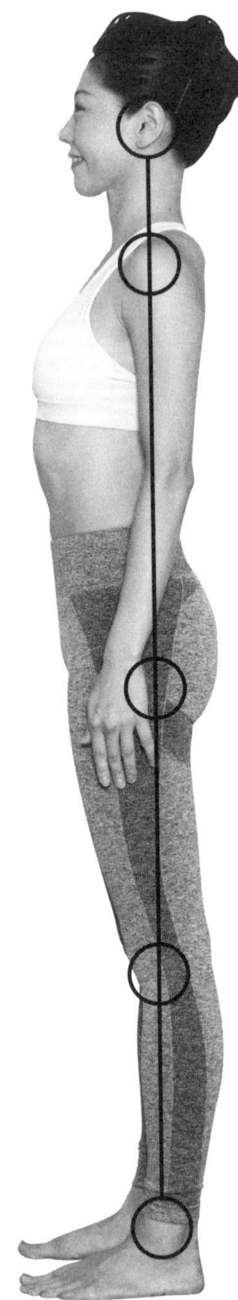

足の裏はかかと、親指の付け根、小指の付け根の3点で床をしっかりとらえることを意識します。くるぶし、ひざ、骨盤、肩、耳が一直線上にくるようになるのが正しい立ち方。わかりにくい場合は壁にかかと、ふくらはぎ、お尻、肩甲骨、後頭部がくるように立つといいでしょう。

NG!

あごが突き出て、首を前に出し、背中が丸まり、骨盤が後傾していると、どんどん内臓の位置が下がり、ぽっこりお腹に拍車がかかってしまいます。

下腹がでない座り方

NG!

背もたれに寄りかかると、一見ラクかもしれませんが、背骨は湾曲し、骨盤は後傾、内臓の位置は下がり……と体にとっては負担にしかなりません。

OK!

骨盤が傾いたままではいくら背筋を正そうとしても苦しいだけで続きません。お尻の奥にある坐骨という骨の位置がポイントです。お尻の奥にある左右のゴリゴリした骨を探し、坐骨で椅子を押して上に伸びるように座ります。わかりづらい方は、お尻のお肉を外へどけるようにしてみましょう。背もたれに寄りかからず、まっすぐに背骨が積み上がり、その上に頭が乗るイメージです。軽くあごをひくようにすると猫背を防げます。

お腹やせのために！

知っておきたいマインドの話

Mind

エクササイズをスタートしたいけれど、いざ始めようとすると、なかなかそんな気持ちになれないという方もいらっしゃるかもしれません。でも、そんな時ほど思い切って、自分のための時間を作っていただくことをおすすめします。

心と身体は密接にリンクしていて繋がっています。一般的には、皆さん「やる気」「その気」になるまで待っていたり、今はまだ忙しいから……と気持ちや感情に左右されがちです。でも、一歩ふみだして身体を動かしてみると、不思議とスッキリした気持ちになって、「やる気」が芽生えるのです。

少しセカセカしている時、テンションが下がっている時、いやなことやトラブルがある時、なんとなくやる気になれない時……スイッチを入れるのは難しいかもしれませんが、身体を動かすと自動的にそのスイッチがＯＮになります。

そして、身体を動かしテンションが上がってくると、脳がスッキリしていいアイデアが浮かんだり、今まで見えなかった価値観や視点から物事を見ることができたりと、よい方向へと感情も動かせるのです。そして逆に、運動のパフォーマンスが下がっている時にはイメージを変えてあげると身体が動きます。

私もインドでヨガの勉強中には、今までできなかったポーズが、イメージを変えるだけで突然できるようになったりして驚きの連続でした。

人間の身体のシステムというのは、本当によくできているものなのです。

おわりに

パーソナルトレーナーを14年やってきて、のべ3万人のサポートをしてきました。お客様はみんなまじめで一生懸命。しかし、今までダイエットやフィットネスジムへ行ったけれど続かなかった、上手くいかなかったという方が多いのです。

そういった方が、「初めて体が変わりました」「こんなに続いたのは初めてです！」と笑顔が増え、新しいことにチャレンジしたり、オシャレを楽しんでいる様子を見ていると、身体のことで悩むのは一刻も早く終わらせて、どんどん人生を楽しむことに力を使ってほしいなと切に思います。

じつは私もスタイルにはずっと悩んでいました。無理なダイエットをして貧血や生理不順になってしまったり、逆にストレスで暴飲暴食してしまったり。気づくと20代半ばには体脂肪率が40％弱、会社でのあだ名が〝でぶりん〟になってしまった頃には、自分でやせられるなんて思いもせず、お給料を高い補正下着やエステにつぎこみ、なんとか見た目だけでも変わらないかと他力本願で、自分と向き合うことを避け続けていました。

そんな中でお世話になっていた会社の社長が35歳という若さで突然亡くなってし

まいました。原因は大動脈瘤破裂という病気でした。フィットネスの新規事業もダイエットも頑張っていこうとした矢先、多くの後悔がよぎりました。

ここからです。私の意識が大きく変わったのは。

ふだんの生活が思っているよりも人生に大きな影響を与えるということ。

やせて美しいことも大事だけど、健康で体調がいいことはもっと大切だということ。

同じように悩んでいる方が減るよう、人生をかけてトレーナーの道を進もう、そう心に決めました。

いくつになっても身体は変わっていきます。私は40代になってから美ボディコンテストに挑戦しました。私のスタジオには70代の女性も通って下さっていて、「お腹がへっこんで腰もラクになったわ～」と嬉しそうに話して下さいます。

「変わりたい」そう思った時点で気持ちは動いています。ぜひその気持ちを大切にしながら、エクササイズを試してみてください。そして、頑張っている自分を認めてあげて、笑顔いっぱいの人生を味わい楽しんでいってもらえたら何よりの喜びです。

石神亮子

著者紹介

石神亮子（いしがみ りょうこ）

パーソナルトレーナー。トレーナー暦14年、延べ3万人以上の身体作りを指導。スーパーボディコンテストグランプリ、女子総合優勝。フィットネスマシンの企画製造やFC展開、経営への参画をきっかけにインストラクターとして活動を開始しパーソナルトレーナーとして活躍。ウェイトトレーニング、ヨガ、ピラティス、コンディショニング、ストレッチ、筋膜リリース、整体、栄養学、コーチングや心理学などを学び、2015年からはフリーランスに。大阪のスタジオにてパーソナルセッションをしながら全国でセミナー、企業研修、リトリート活動をするほか、オンラインで世界中の方々の体づくり、心のケアのサポートをしている。

STAFF

撮影	宗廣暁美
本文イラスト	にゃんとまた旅／ミューズワーク　久保田ミホ
デザイン	黒田志麻
帯写真	iStock.com ／ Anastasiya99

お腹(なか)だけのやせ方(かた)があった！
くびれ筋(きん)トレ

2020年1月15日　第1刷

著　　者　石神亮子（いしがみりょうこ）

発行者　小澤源太郎

責任編集　株式会社 プライム涌光

電話　編集部　03(3203)2850

発行所　株式会社 青春出版社

東京都新宿区若松町12番1号〒162-0056
振替番号　00190-7-98602
電話　営業部　03(3207)1916

印　刷　大日本印刷　　製　本　フォーネット社

万一、落丁、乱丁がありました節は、お取りかえいたします。

ISBN978-4-413-11314-4 C0077

青春出版社のA5判シリーズ

シルエットが生まれ変わる！
寝トレ1分ダイエット
山本知子

考える 学ぶ 読む 話す 書く 伝える
思考をアウトプットする1秒図鑑
知的生活追跡班［編］

この組み合わせで健康効果アップ！
「サバ薬膳」簡単レシピ
池田陽子

図解 奇跡のしくみを解き明かす！
「地球」の設計図
斎藤靖二／監修

大人の人間関係
心理の迷宮大事典
おもしろ心理学会［編］

アンチエイジ・インスパ
たるまない体は下半身でつくる
一生きれいなメリハリボディをあなたへ
Micaco

1分で相手を引き寄せる
雑談のきっかけ1000
話題の達人倶楽部［編］

10歳までに身につけたい
子どもが一生困らないお金のルール
この小さな知恵が、生き抜く力を育てます
三浦康司